Photographies : Bertrand Mussotte
Direction artistique : Danielle Capellazzi
Édition : Clotilde Cacheux
Conception graphique : Claude Poirier

Photogravure : Goustard à Clamart
Imprimé en Italie par Arti Grafiche Gajani

Dépôt légal : septembre 2000
ISBN : 2-215-02179-9
3ème édition – n° 92177

Marie Chevalier

BOUQUETS DE FÊTE

en papier crépon

Pour ceux qui ont participé
à l'idée de ce livre
et en particulier
Geneviève et Nicolas

EDITIONS FLEURUS

Éditions Fleurus, 15-27 rue Moussorgski, 75018 Paris

SOMMAIRE

MATÉRIEL ET CONSEILS

Conseils

Quelques informations pour réussir vos fleurs en papier crépon.

- Choisissez des fleurs qui vous plaisent et vous inspirent.
- Commencez par des fleurs qui ont peu de pétales ou par des fleurs qui sont faites en pliage.
- Les petites fleurs ne sont pas difficiles mais demandent de la minutie.
- Attendez d'avoir créé plusieurs fleurs moyennes avant d'aborder les grosses fleurs (roses géantes, pivoines) pour lesquelles la pose des pétales est parfois délicate.
- N'hésitez pas à interpréter les fleurs en modifiant les couleurs, le nombre de pétales pour créer ensuite vos propres fleurs.

Papier crépon

Très facile à trouver, il permet de réaliser les pétales, les feuilles et même les cœurs. Il permet aussi de recouvrir les tiges métalliques.

Utiliser du crépon de bonne qualité, rigide au toucher.

Le crépon blanc, le crépon jaune et le crépon vert sont indispensables. Choisissez d'autres couleurs selon votre goût ou selon les indications données ici.

Colle

Utiliser une colle liquide transparente ou blanche, généralement en petite bouteille de plastique, adaptée pour le collage du papier et qui ne tache pas.

Cheveu d'ange

Fil de fer souple et fin, il sert à fixer les fleurs et à armer les feuilles. Il est vendu en paquets chez certains fleuristes ayant un rayon "art floral", dans les magasins de loisirs créatifs, ou en bobines dans les magasins de bricolage. Choisir du fil de fer de 0,5 mm de diamètre.

Tiges métalliques

Tiges de fer ou recuit, elles font généralement 50 cm environ. On les trouve comme les cheveux d'ange ou encore dans les jardineries, sinon en bobines dans les magasins de bricolage. Elles doivent être un peu souples pour pouvoir être tordues. Choisir du fil de fer de 0,8 mm de diamètre.

Ruban floral

Rouleau de ruban adhésif de 12 mm de large pour couvrir les tiges. Il existe dans différentes couleurs, les plus répandues sont le vert et le marron. Nous utilisons surtout le vert.
Le ruban floral est vendu chez certains fleuristes et dans les magasins de loisirs créatifs.
À défaut, utiliser du crépon vert découpé en bandes étroites, les enrouler et les coller autour des tiges que l'on veut recouvrir.

Pastels

Choisir des pastels gras en bâtons. Les utiliser pour nuancer les couleurs du crépon ou pour colorier le crépon blanc. Procéder par touches légères.
Les pastels sont souvent vendus à la pièce dans les papeteries, les magasins de loisirs créatifs et beaux arts ou certaines grandes surfaces.
Choisir quelques couleurs utiles comme un jaune, un orangé, un vert clair, un rose.

Fournitures spécialisées

Étamines et marteaux

Les étamines et les marteaux (pistils) sont vendus par bottes, de différentes couleurs, les plus courantes sont les jaunes. Ils font partie d'éléments servant à la fabrication des fleurs artificielles, et principalement des cœurs.
Ils sont vendus dans certains magasins de loisirs créatifs, d'accessoires de mode ou dans les merceries.
Il est parfois difficile de se les procurer. Dans ce cas, ils sont remplacés par du crépon jaune, orange ou noir selon la fleur.

Épingles

Ce sont des petites boules de couleur vendues en bottes. Elles sont courantes au moment des fêtes de fin d'année. On les trouve alors souvent en rouge ou en doré. Elles sont utilisées comme petits boutons ou pour ajouter des notes de couleur dans les couronnes et les décors de table.

Feuilles

Si on ne souhaite pas réaliser des feuilles en crépon, acheter des feuilles en tissu. Éviter le plastique.
Elles sont vendues dans les magasins de loisirs créatifs, d'accessoires de mode ou dans les rayons de fleurs et feuillages artificiels.

Matériel de base

Petit matériel courant

Vous aurez toujours besoin du petit matériel courant.

Ciseaux à lames fines de 16 cm de long environ

Fil à coudre solide

Coton hydrophile

Petite pince coupante pour le fil de fer ou vieux ciseaux

tiges métalliques
cheveux d'ange
épingles
pastels gras
marteaux
ruban floral
étamines
étamines
épingles

PRINCIPES DE BASE

Voici quelques principes et conseils de base pour vous aider à réaliser des fleurs en papier crépon.

Découpage

Pour découper, utiliser le creux des ciseaux (intérieur des lames) et non la pointe, vos découpages seront plus précis. Pour donner une forme à un pétale, utiliser alors les ciseaux fermés.

Patrons

Relever les patrons donnés pour chaque fleur et chaque feuille avec un papier calque et les reporter sur un carton léger. Noter le nom de la fleur, s'il s'agit des pétales, le préciser et y indiquer le nombre à découper.

Attention

Tous les patrons sont donnés à taille réelle.
Les parties indiquées en pointillés ne doivent pas être découpées.
Les patrons doivent être découpés dans le sens du plissé du crépon.

Travailler le papier crépon

Prendre le rouleau de crépon face à soi. Découper toujours dans le sens du plissé du crépon.

Découper un pétale

Chaque pétale est indépendant. Enrouler une bande de crépon autour du patron autant de fois que le nombre de pétales indiqué. Retirer le patron. Le poser sur les épaisseurs de papier et découper tout autour sans faire bouger le patron. Ne pas découper plus de 8 à 10 pétales à la fois.

Découper une bande de pétales

Les pétales sont attachés ensemble comme pour une ribambelle. Enrouler la bande de crépon autour du patron en serrant bien autour du patron pour que le crépon ne dépasse pas tout autour au moment du découpage. Découper la partie haute du pétale et la partie basse sans découper les parties en pointillés.

Pour donner aux pétales des formes proches de la nature, il faut les modeler en les creusant, en les roulant, en les striant ou encore en les faisant onduler.

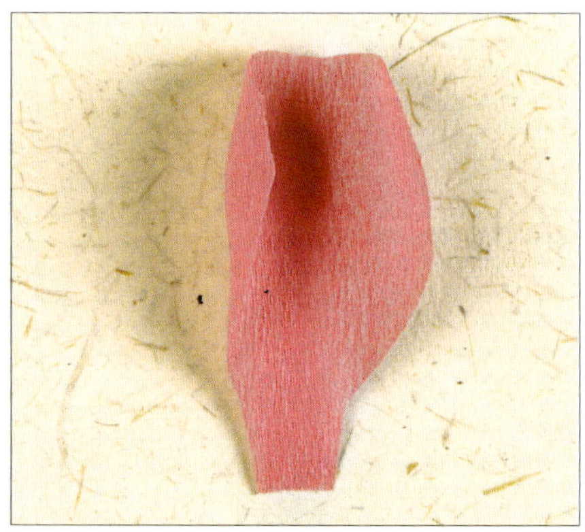

Creuser un pétale

Pétale face à soi, le détendre en creusant avec les pouces de chaque côté.

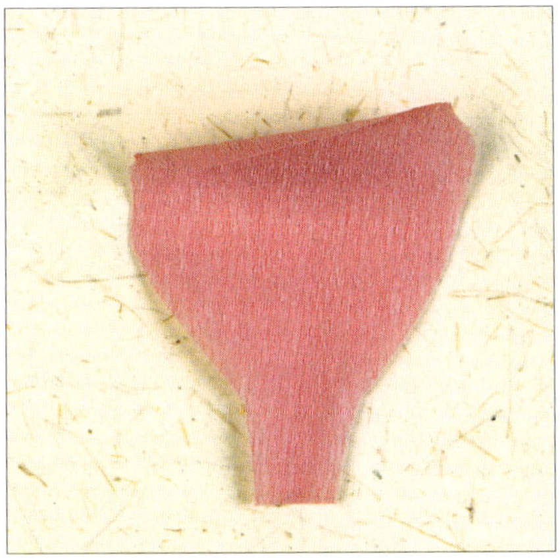

Rouler un pétale
Toujours utiliser les ciseaux fermés. Retourner le bord du pétale vers l'extérieur sur les lames des ciseaux.

Strier un pétale
Pétale à plat, partir du bas et remonter jusqu'en haut en marquant les stries avec l'ongle.

Onduler un pétale
Prendre le haut du pétale avec le pouce et l'index de chaque main et le pincer comme si on voulait le déchirer.

Feuilles

Découper dans le crépon vert le patron de la feuille indiquée sur 2 épaisseurs. Si possible, laisser un côté attaché lors du découpage. Ouvrir la feuille et sur une face intérieure, encoller le pourtour et la ligne médiane de la feuille. Poser un cheveu d'ange sur la nervure centrale et refermer la feuille.

Couleur
Pour faire des pétales de couleur, acheter du crépon de différentes couleurs ou le teinter avec des pastels gras.

Coloration au pastel
Appliquer le pastel en partant de la base du pétale. Étaler légèrement le pastel en l'estompant ensuite avec le doigt. Procéder délicatement car les traits trop voyants sont difficiles à adoucir.

Tige métallique

Poser une tige
Prendre une tige métallique de la longueur voulue. Tenir fermement la tige contre la base du cœur sur plusieurs centimètres et la tordre en la retournant sur elle-même.

Recouvrir une tige
Enrouler le ruban floral à partir de la base de la fleur, et descendre ensuite de façon régulière le long de la tige, en posant le ruban légèrement en biais.
À défaut, découper dans le crépon des bandes de 1,5 x 30 cm environ. Poser un point de colle à la base de la fleur et enrouler comme avec le ruban floral en ajoutant un point de colle de temps en temps durant l'enroulage.

TABLE AUX VIOLETTES

Matériel
Crépon vert,
- crépon violet ou parme,
- cheveux d'ange,
- colle,
- ruban floral,
- pastel jaune.

Suggestions de présentation

Pour une table de fête, choisissez une nappe et des serviettes unies, blanches ou jaunes, vos fleurs sont alors bien mises en valeur. Réalisez plusieurs liens de serviette pour décorer les assiettes. Après avoir décoré chacune d'elle, vous pouvez composer plusieurs petits paniers remplis de bouquets de violettes et les placer çà et là sur la table.

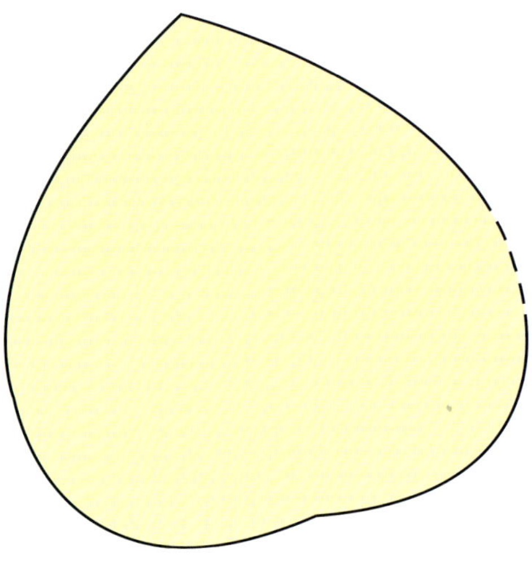

Patron feuille

TABLE AUX VIOLETTES

La couleur la plus répandue est le violet, le parme est très doux, il en existe aussi des blanches. Technique particulière basée sur l'aspect final de l'ensemble et non sur le détail de la fleur elle-même.

Fleurs

1 Découper 5 carrés de 12 cm de côté, plier chaque carré en deux : partie basse sur partie haute. On obtient un rectangle. Plier encore la partie gauche sur la partie droite. On obtient un carré.

2 Plier en 2 par la diagonale l'angle droit inférieur sur l'angle gauche supérieur : on obtient un triangle.

3 Rabattre l'angle gauche supérieur sur la diagonale. Couper le petit triangle restant à droite.

4 Arrondir les angles extérieurs du triangle restant et échancrer au centre sur 1,5 cm de profondeur.

Feuilles

Avec le patron page 10, préparer 3 feuilles en double et les placer autour du bouquet en fixant l'ensemble avec un cheveu d'ange. Recouvrir avec le ruban floral.

5 Déplier le cercle ainsi formé. Vérifier que les échancrures sont bien ouvertes sur au moins 1 cm, sinon recouper pour que chaque arrondi (ou "pétale") soit libre. Donner un mouvement tournant à chaque petit "pétale".

7 Poser quelques petits points jaunes au pastel dans les "creux" des pétales. Former 5 bouquets et les réunir avec un cheveu d'ange. Laisser en attente.

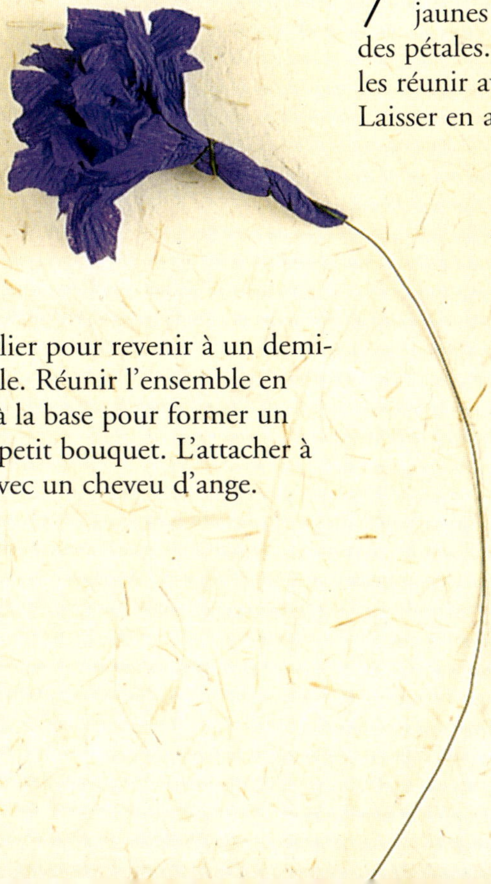

6 Replier pour revenir à un demi-cercle. Réunir l'ensemble en plissant à la base pour former un premier petit bouquet. L'attacher à la base avec un cheveu d'ange.

Lien de serviette

Prendre un petit bouquet de violettes entouré de 3 feuilles et ajouter une tige en l'enroulant autour de celle qui existe déjà sur environ 15 cm. Couvrir cette tige avec le ruban floral. Enrouler la serviette sur elle-même et l'entourer avec la tige du bouquet de violettes. Poser sur une assiette, bouquet dessus.

ŒILLETS ET PÂQUERETTES

Matériel pour les œillets
Crépon au choix pour les fleurs (blanc, de nombreux roses, rouge, orangé, jaune),
- tiges métalliques,
- cheveux d'ange,
- colle,
- fil à coudre,
- ruban floral vert.

Pour les pâquerettes
Crépon blanc, jaune,
- pastel rose,
- cheveux d'ange,
- coton hydrophile,
- colle,
- ruban floral.

Suggestions de présentation

Ce bouquet rond conviendra parfaitement pour un bouquet de demoiselle d'honneur. Présentez-le dans un habit de crépon rose souligné par un léger voile de tulle rose pâle ou blanc.

Patron feuille de lierre

ŒILLETS ET PÂQUERETTES

Il se compose de 7 pâquerettes, 5 œillets et 3 feuilles de lierre. Les pâquerettes et les œillets pour cette composition peuvent être réalisés sans leurs feuilles car elles disparaissent dans l'ensemble, par contre il faut prévoir des feuilles plus larges (ici le lierre) pour entourer le bouquet.

Œillet

Fleur

1 Dans le crépon, découper 3 carrés de 14 cm de côté, plier chacun d'eux en reprenant les étapes 1 à 3 de la violette page 12. Après avoir coupé la chute indiquée, cranter finement l'extrémité large et faire une encoche de chaque côté à 1,5 cm environ du haut.

2 Ouvrir le cercle ainsi formé et couper du haut des franges jusqu'à l'encoche. Donner un mouvement de torsion à chaque pétale. Recommencer pour les 2 autres cercles.

Montage du bouquet
Réaliser 3 feuilles de lierre selon le patron page 14. Réunir les 7 pâquerettes et poser les 5 œillets autour. Fixer le bouquet avec 2 ou 3 tours de ruban floral. Poser ensuite les feuilles de lierre faites en double à l'aide du patron page 14 pour entourer le bouquet en les fixant avec le ruban floral qui recouvrira tout le reste des tiges.

3 Superposer les 3 cercles obtenus, les ramasser en les serrant à la base et attacher avec un cheveu d'ange. Couvrir avec le ruban floral sur toute la tige en partant du dessous des pétales.

Pâquerette

Cœur

1 Découper dans le crépon jaune un carré de 4 cm de côté. Le creuser au centre, y enfermer une boule de coton de la taille d'un petit pois, fixer avec un cheveu d'ange.

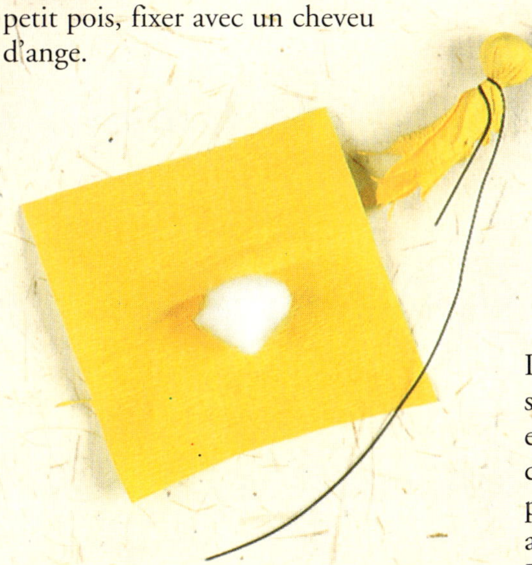

Fleur

2 Découper dans le crépon blanc une bande de 3 x 20 cm.

Pastelliser sur toute la longueur et sur une profondeur de 1 cm environ. Franger finement avec les ciseaux la partie coloriée. Poser un point de colle et enrouler la bande autour du cœur régulièrement. Donner un tour de cheveu d'ange. Recouvrir la tige ainsi obtenue avec le ruban floral.

FREESIA

Matériel
Crépon vert,
- crépon au choix : blanc, jaune, différents roses et mauves,
- tiges métalliques,
- cheveux d'ange,
- colle,
- fil à coudre,
- coton hydrophile,
- ruban floral.

Suggestions de présentation

Les branches de freesia trouveront naturellement leur place dans un vase en céramique uni. Mais rien ne vous empêche de disposer des branches sur une nappe blanche pour un chemin de table printanier.

Si vous souhaitez un bouquet plus touffu, vous pouvez mélanger du feuillage artificiel à vos branches de freesias.

Patron fleur

Patron sépales

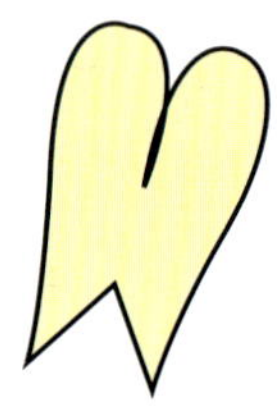

FREESIA

Branche souple décrivant un demi-cercle, le freesia se compose de plusieurs fleurs en cône et de quelques boutons à son extrémité. Ses coloris sont variés : blanc, jaune, du rose pâle au rose vif jusqu'au parme.

Sépales

2 Dans le crépon vert, découper suivant le patron page 18, 2 sépales attachés par fleur, les poser à la base de la fleur avec un point de colle et fixer avec le cheveu d'ange déjà utilisé. Recouvrir la tige sur 2 cm avec le ruban floral.

Pétales

1 Dans le crépon de la couleur choisie, découper 5 fleurs suivant le patron page 18. Creuser chaque petite partie arrondie des pétales. Réunir les 2 côtés en les collant légèrement l'un sur l'autre pour former un cône, partie crantée vers le haut. Attacher à la base avec un cheveu d'ange.

Boutons

3 Faire 3 à 5 boutons. Dans le crépon de la couleur de la fleur, découper un carré de 4 cm de côté. Y loger une petite forme de coton ovale (comme une olive). Rabattre le crépon par-dessus en l'enroulant autour du coton. Attacher avec un cheveu d'ange.

4 Poser les sépales avec un point de colle et les fixer avec le cheveu d'ange. Couvrir la tige sur 2 cm avec le ruban floral.

6 Continuer de couvrir la tige de ruban floral en posant le deuxième bouton touchant presque la base du premier, puis le troisième de la même façon.

Montage de la branche

5 Prendre une tige métallique et poser à son extrémité un premier bouton fixé par le ruban floral.

7 Poser ensuite les fleurs les unes après les autres sans trop les espacer. Couvrir tout le reste de la tige avec le ruban floral et lui donner un mouvement courbe.

AZALÉE JAPONICA

Matériel
Crépon vert,
- crépon de la couleur choisie pour les fleurs,
- cheveux d'ange,
- tiges métalliques,
- colle,
- ruban floral,
- petites boules de couleur assortie à la fleur (ou dorées) en bottes.

Suggestions de présentation

Pour le repas de Noël, composez une table aux couleurs de la fête : rouge, vert et or et disposez des branches d'azalée japonica sur les assiettes.

Patron feuille de houx

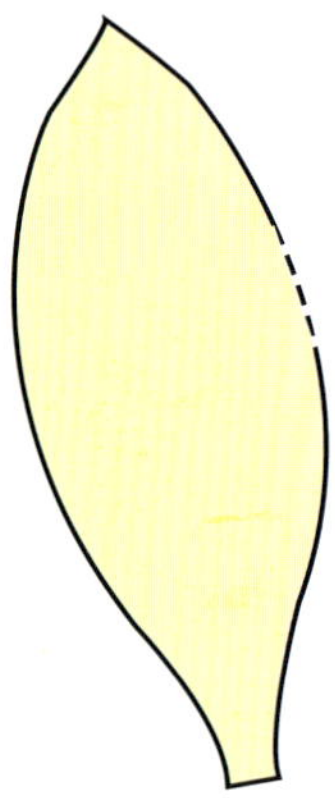

Patron feuille

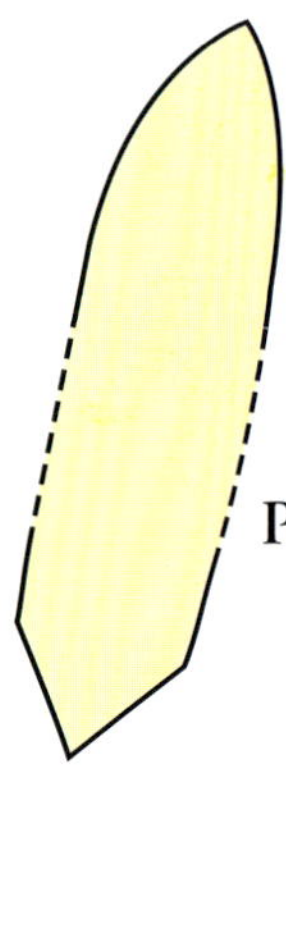

Patron pétale

AZALÉE JAPONICA

Chaque branche est présentée ici avec 3 fleurs, 3 feuilles et 3 boutons mais vous pouvez à votre gré, ajouter des fleurs et des boutons pour réaliser des branches plus imposantes.

2 Rapprocher les 2 bords pour fermer la fleur (éventuellement les coller), froncer la base et serrer avec un cheveu d'ange. Couvrir le cheveu d'ange avec le ruban floral sur 3 cm environ et couper le reste. Réaliser 2 autres fleurs.

Pétales

1 Dans le crépon, découper d'après le patron page 22 une bande de 5 pétales sans les détacher. Les creuser au centre et retourner l'extrémité des pétales vers l'extérieur.

Boutons

3 Si l'on a pu se procurer des petites boules de couleur, en préparer 3. Sinon les réaliser dans un carré de crépon de 3 cm de côté avec une toute petite boule de coton hydrophile, attacher avec un cheveu d'ange. Couvrir avec le ruban floral sur 2 cm et couper.

Astuce
Pour gagner du temps, on peut trouver des feuilles de houx toutes prêtes et les utiliser à la place des feuilles d'azalée.

Feuilles

4 Dans le crépon vert, découper 3 feuilles en double suivant le patron page 22 et les coller.

Montage de la branche

5 Couper une tige métallique à 10 cm. Poser une première feuille à l'extrémité de cette tige ainsi qu'un bouton reposant sur cette feuille. Fixer avec le ruban floral. Alterner ensuite fleurs, feuilles et boutons. Terminer de recouvrir la tige avec le ruban floral.

TABLE AUX NYMPHÉAS

Matériel
Crépon blanc, jaune, orange ou rose pour les pétales,
- crépon jaune pour le cœur,
crépon vert pour la feuille,
- cheveux d'ange,
- colle,
- ruban floral vert.

Suggestions de présentation

Cette composition conviendra parfaitement pour un centre de table pour un repas d'été à l'extérieur. Disposez une fleur à côté de l'assiette de chaque convive et variez les tonalités utilisées en restant dans une gamme de couleurs claires.

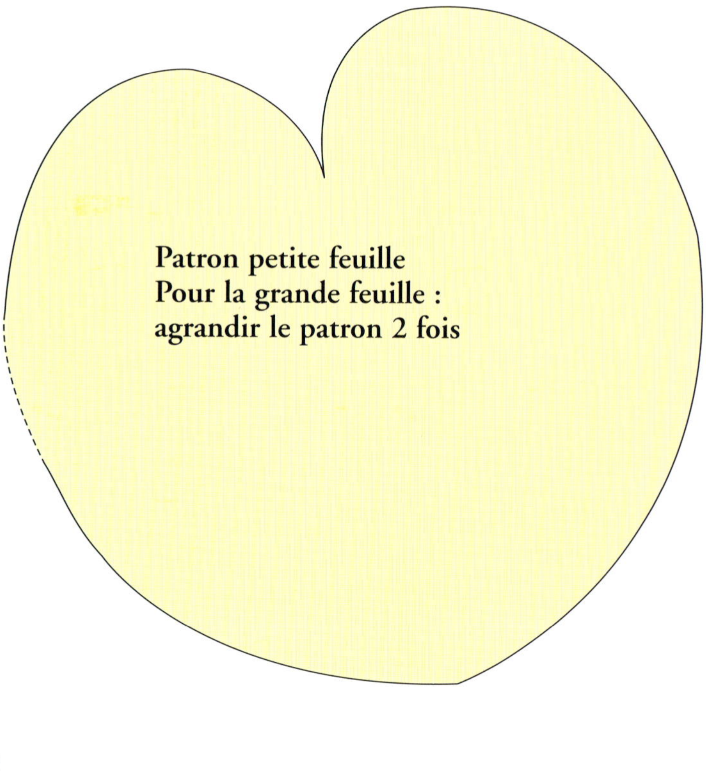

Patron petite feuille
Pour la grande feuille : agrandir le patron 2 fois

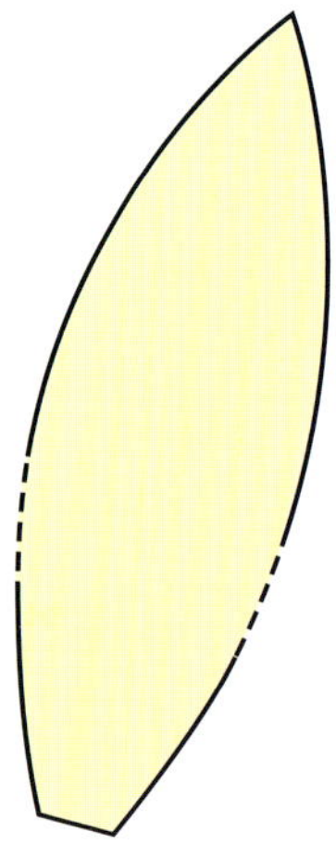

Patron petit pétale

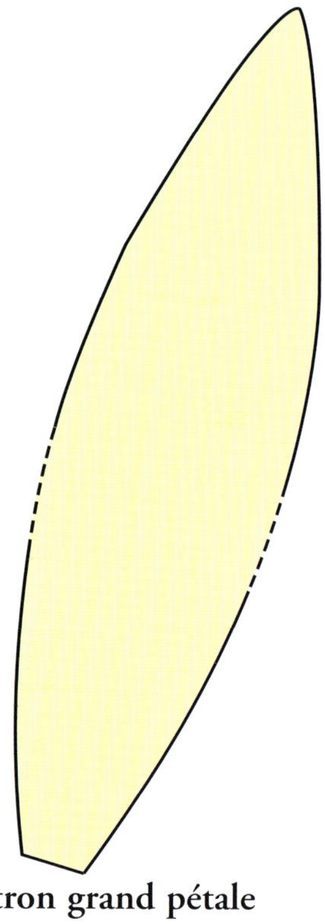

Patron grand pétale

TABLE AUX NYMPHÉAS

Fabriquez plusieurs nymphéas et composez une table pour un dîner à la fraîcheur du soir.

2 La plier en 2, en 4 puis en 6 et en 8. La franger à mi-hauteur.

Cœur

3 L'enrouler sur elle-même et la fixer avec un cheveu d'ange.

1 Découper une bande de crépon de 20 x 3 cm.

Pétales

4 Découper selon le patron (petite ou grande fleur) 2 bandes de 13 pétales, sans les détacher comme pour une ribambelle.

5 Creuser légèrement chaque pétale au centre.

Feuille

Dans le crépon vert découper une feuille en double, couper le cheveu d'ange à 4 cm et réunir la fleur et la feuille correspondante avec le ruban floral.

6 Poser la première bande. L'enrouler régulièrement autour du cœur jaune avec un point de colle au départ. Attacher d'un tour de cheveu d'ange.

7 Placer la seconde bande, donner à nouveau un tour de cheveu d'ange et le couvrir avec le ruban floral sur 4 à 5 cm.

Astuce

Les feuilles peuvent aussi se trouver toutes prêtes ou se réaliser dans un bristol de couleur.

RENONCULES EN BOUQUET

Matériel
Crépon de 3 à 4 couleurs différentes pour les pétales,
- crépon noir et vert pour le cœur,
- tiges métalliques,
- cheveux d'ange,
- coton hydrophile,
- ruban floral,
- colle.

Suggestions de présentation

Le bouquet proposé ici est réalisé dans des tons vifs : jaune, orange, rouge-orangé répartis en une vingtaine de fleurs, mais vous pouvez aussi utiliser d'autres variétés de crépon. Ici, on a choisi de ne pas ajouter des feuilles pour ne pas charger le bouquet.

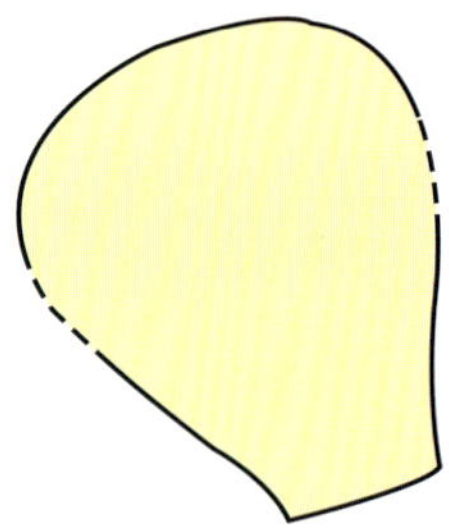

Patron pétale

RENONCULES EN BOUQUET

Cette fleur existe dans de très nombreuses couleurs aux tons vifs et pastels : blanc, jaune, orange, rose, rouge.

Cœur

1 Découper dans le crépon noir et le vert un carré de 4 cm de côté, le creuser avec les pouces, poser une boule de coton de la taille d'un pois dans le creux, refermer et lier avec le cheveu d'ange.

Pétales

2 Dans le crépon de la couleur choisie, découper deux bandes de 12 pétales sans les détacher selon le patron page 30. Déplier ces bandes et creuser chaque pétale.

Montage de la fleur

3 Reprendre le cœur, poser un point de colle à sa base et placer la première bande en l'enroulant régulièrement tout autour.

4 Donner un tour de cheveu d'ange puis poser à nouveau un point de colle et enrouler de la même façon la seconde bande.

Montage de la tige

5 Bien garder les pétales au même niveau. Fixer avec un tour de cheveu d'ange. Poser une tige métallique de la longueur voulue et recouvrir avec le ruban floral.

BOUVARDIAS ET RENONCULES

Matériel
Crépon blanc et vert,
- cheveux d'ange,
- tiges métalliques,
- colle,
- ruban floral,
- matériel pour 6 renoncules (voir page 30).

Suggestions de présentation

Le bouquet romantique présenté sur le tulle rose vif est un panaché de renoncules et de bouvardias. Il se compose d'une dizaine de fleurs de bouvardia blanc, de 6 renoncules d'un rose pastel et de feuilles achetées. Le cœur des renoncules roses est réalisé en vert pâle. Ce bouquet conviendra bien pour une mariée.

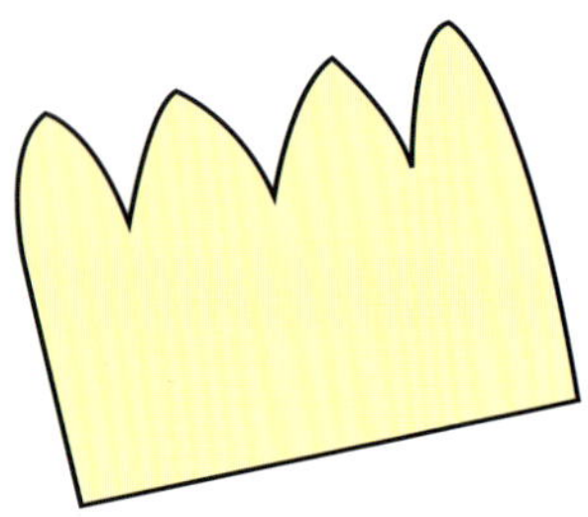

Patron pétale bouvardia

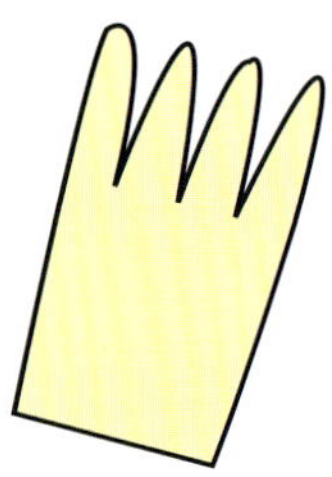

Patron sépales bouvardia

BOUVARDIAS ET RENONCULES

Réaliser d'abord les 6 renoncules en suivant les explications et le patron des pages 30 à 33. Compléter avec une dizaine de bouvardias. Cette petite fleur très fine blanche ou rose, qui se présente en petit bouquet à l'extrémité d'une tige convient parfaitement aux compositions florales et leur donne grâce et légèreté.

Bouvardia

2 Enrouler cette bande de façon à faire rejoindre les 2 côtés et lier avec un cheveu d'ange.

Corolle

1 Découper 2 ou 3 corolles à la fois, suivant le patron page 34. Avec les ciseaux fermés, retourner l'extrémité des pétales.

3 Dans le crépon blanc, découper une petite bande de 1 x 3 cm. Encoller la partie supérieure et un des côtés. L'enrouler bien serré autour de la fleur sous les pétales, pour former un tube.

Pour réaliser un bouquet plus rapide pour les demoiselles d'honneur, réalisez 6 renoncules dans 2 tons de rose et entourez-les de feuilles.

Sépales

4 Découper 2 ou 3 bandes de 4 sépales à la fois (patron page 34). Donner un mouvement léger sur la pointe des sépales avec les ciseaux fermés.

5 Avec un point de colle, enrouler les sépales à la base du tube et fixer avec le ruban floral sur 3 cm environ.

Montage de la tige

6 Réaliser une dizaine de fleurs, les réunir en un petit bouquet à une tige commune en fixant avec le ruban floral sur toute la hauteur, 20 cm environ.

TABLE AUX RENONCULES

Matériel
Crépon jaune vif et pâle, orange, vert pistache, vert foncé.
Pour les marque-places :
- un morceau de bristol de 13,5 x 8,5 cm blanc ou assorti au crépon,
- napperon en dentelle de papier de 8 cm de diamètre environ.

Suggestions de présentation

Ces bouquets peuvent être réunis dans un petit panier et devenir centre de table. Disposez les marque-places sur les serviettes ou à côté de chaque assiette. Ici, nous avons choisi d'harmoniser les couleurs de la table, mais suivant l'occasion, osez les contrastes en choisissant des couleurs tranchées.

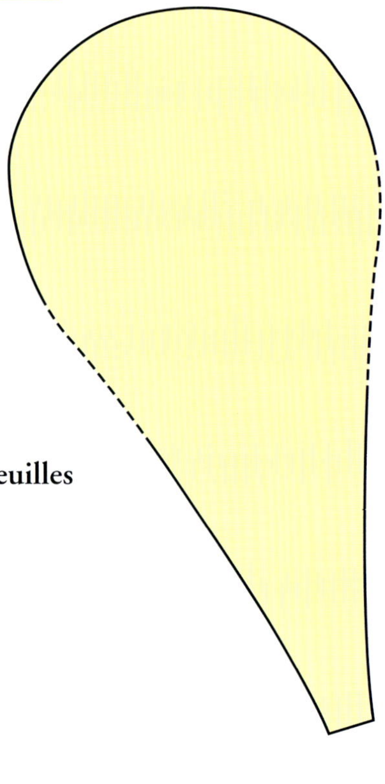

Patron feuilles

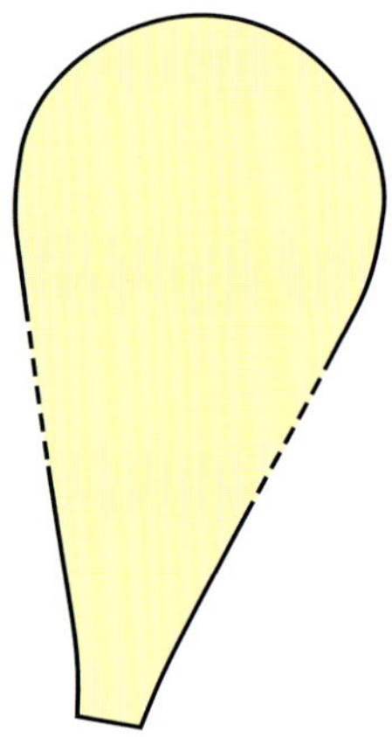

Patron feuilles du marque-place

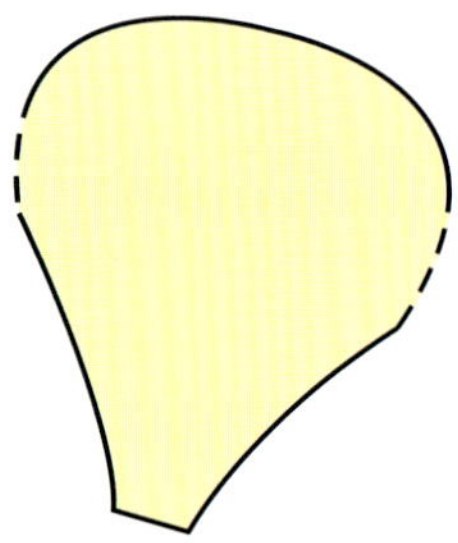

Patron renoncule

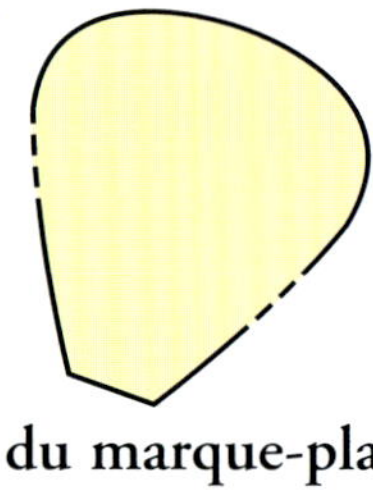

Patron fleur du marque-place

TABLE AUX RENONCULES

Les bouquets des paniers peuvent aussi être réalisés sans feuilles et présentés dans un napperon en dentelle de papier.

Bouquet rond

1 Faire des cœurs frangés et des cœurs en boule de couleur pistache.

3 Les autres fleurs inspirées des pâquerettes sont réalisées avec un cœur en boule entouré d'une bande de franges de 25 cm environ. En préparer une quinzaine. Réunir ces différentes fleurs en bouquet rond.

2 Réaliser 8 à 10 renoncules avec une seule bande de pétales et les creuser.

Feuilles

4 Découper 2 bandes de 4 feuilles simples (en ribambelle) d'après le patron page 38 et les creuser. Le nombre de feuilles peut varier selon la grosseur du bouquet. Placer les feuilles autour du bouquet en alternant vert foncé et vert pastel, fixer avec le ruban floral.

Mini-bouquet marque-place

1 Réaliser 5 mini-renoncules de différentes couleurs selon le patron page 38 avec une seule bande et sans cœur.

2 Les réunir et poser autour une bande de 5 feuilles simples suivant le patron page 38.

3 Poser le napperon (après l'avoir percé au centre) sous le bouquet. Attacher l'ensemble avec le ruban floral. Préparer le bristol en le pliant en 2 sur la largeur, couper au centre sur 1 cm pour y insérer le bouquet.

PANIER DE PIVOINES

Matériel
Crépon vert, blanc, rose, rouge.
- pastel rose,
- tiges métalliques ou fil électrique pour la tige (de 30 à 40 cm),
- cheveux d'ange,
- fil à coudre,
- colle,
- ruban floral.

Suggestions de présentation

Fleur épanouie par excellence, la pivoine annonce la douceur des soirées et les grandes journées ensoleillées de l'été qui approche. Disposez les fleurs dans un panier pour un bouquet improvisé.

Si vous souhaitez un bouquet plus recherché et plus précieux, optez pour un vase en hauteur.

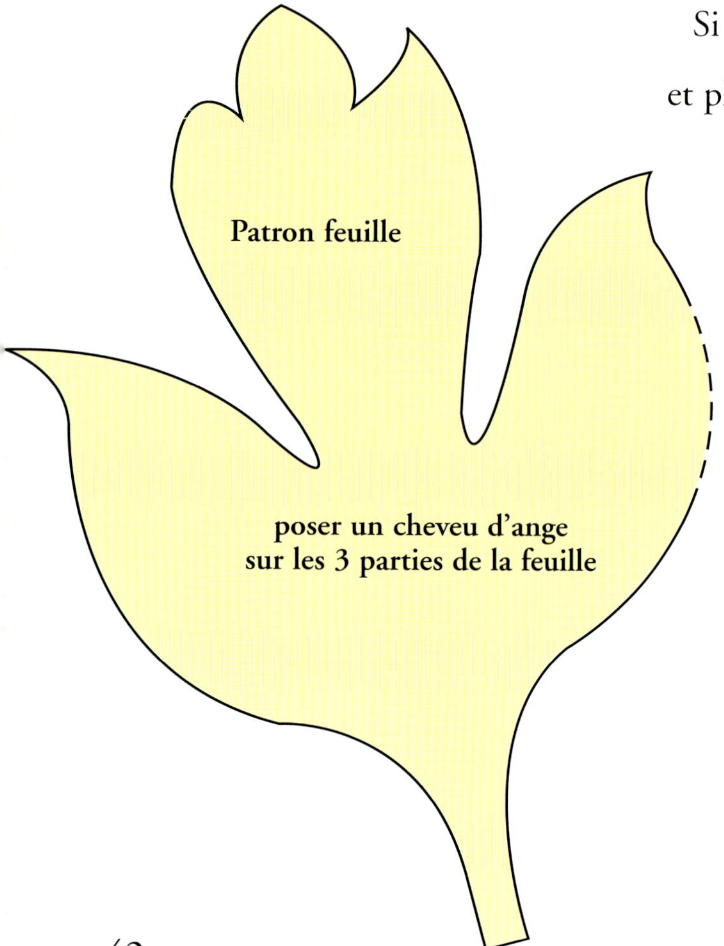

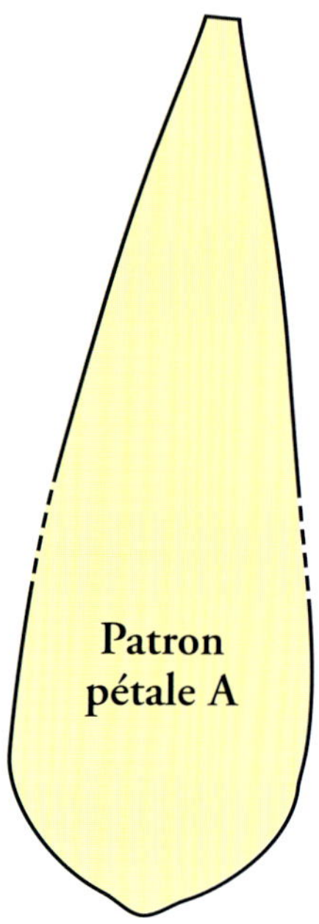

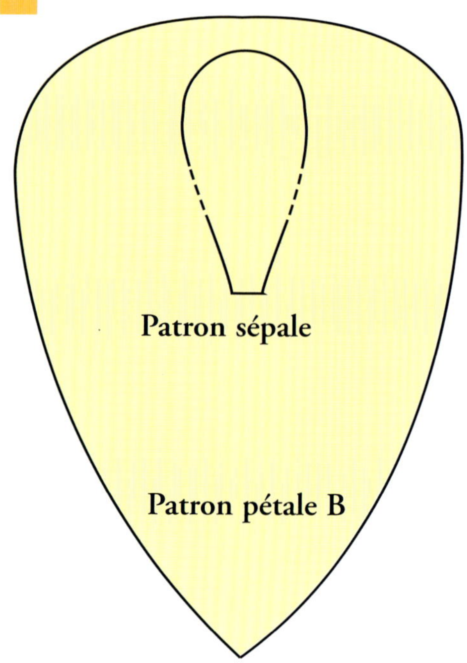

PANIER DE PIVOINES

Ses couleurs vont du blanc au rouge vif en passant par le rose pastel et le rose soutenu. Choisir une couleur de crépon ou si l'on désire une fleur aux tons doux, utiliser le pastel rose qui donne une nuance très délicate.

Fleur

2 Enrouler la première bande de pétales A sur elle-même, poser un point de colle et donner un tour de fil à coudre. Poser les 4 bandes suivantes autour de la première avec à chaque fois un point de colle et un tour de fil à coudre. Poser une tige métallique (ou un fil électrique) en serrant bien à la base des pétales déjà enroulés.

1 Découper 5 bandes de 10 pétales selon le patron A sans les détacher. Appliquer du pastel rose dans le sens de longueur. Creuser le centre des pétales avec les pouces. Laisser en attente.

Conseil
Si la tige de la pivoine est trop fine, enrouler une bande de crépon vert de petite largeur tout autour en collant de temps en temps.

3 Faire 10 pétales B, les pastelliser et les creuser au centre. Les poser un à un autour de la fleur avec colle et fil en les faisant se chevaucher.

Sépales

4 Découper 4 sépales attachés selon le patron et les creuser au centre. Les fixer sous la fleur à la base des pétales avec colle et fil. Recouvrir avec le ruban floral à la base des sépales.

Feuilles

5 Découper des feuilles en double suivant le patron.
Poser un cheveu d'ange avec de la colle sur chacune des 3 parties de la feuille, avant de l'encoller et de la refermer. Couvrir ces 3 cheveux d'ange avec le ruban floral.

ANÉMONES DES FLEURISTES

Matériel
Crépon noir pour le cœur,
- crépon jaune,
- pastels jaune, orangé, violet,
- étamines noires ou crépon,
- cheveux d'ange,
- tiges métalliques ou fil électrique,
- colle et fil à coudre,
- coton hydrophile.

Suggestions de présentation

L'anémone des fleuristes est une fleur du début de l'hiver. Elle peut prendre des couleurs variées : rose vif, rouge, violet, mauve, bleu mais aussi blanc, ivoire ou rose. Disposez les anémones en bouquet ou réalisez un centre de table en plaçant les fleurs dans une coupe garnie de mousse.

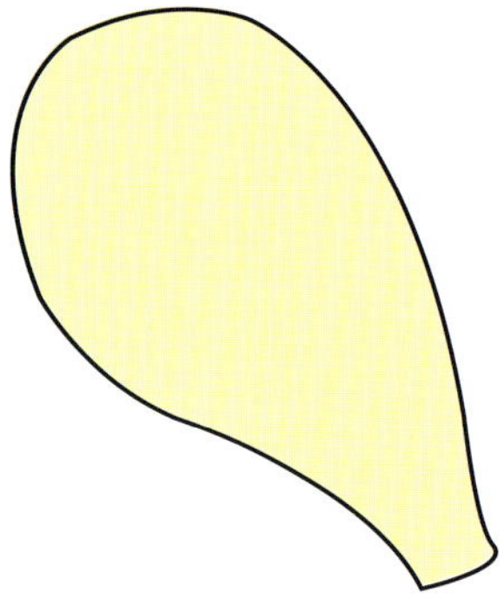

Patron pétale

ANÉMONES DES FLEURISTES

Très fines et très découpées, les feuilles de l'anémone sont difficiles à réaliser. Ici, nous avons mélangé les anémones avec des feuilles de petit palmier en tissu pour donner au bouquet un style japonisant.

Cœur

1 Dans le crépon noir découper un carré de 5 cm de côté. Le creuser et y loger une boule de coton de la taille d'un petit pois. Fermer et attacher avec le cheveu d'ange.

2 Prendre une bande de crépon noir de 20 x 3 cm (ou des étamines). La franger très finement sur 1 cm et l'enrouler autour du cœur. Fixer avec le cheveu d'ange.

Pétales

3 Découper dans le crépon jaune 9 pétales selon le patron et les creuser légèrement au milieu. Les pastelliser en orangé et ajouter une touche de pastel violet sur le haut. Estomper avec le doigt.

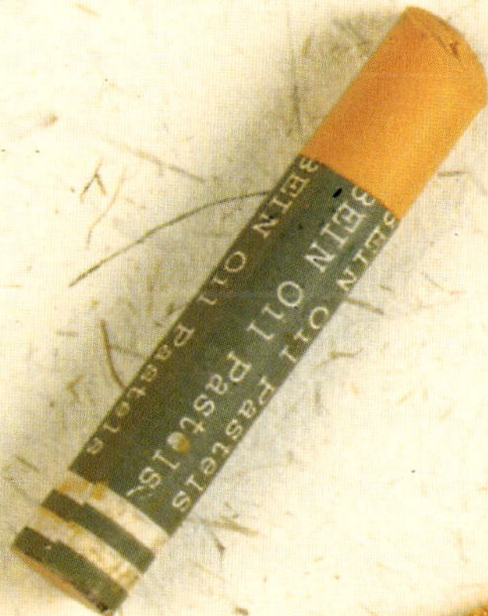

4 Poser les 3 premiers pétales en triangle autour du cœur avec colle et tour de fil. Poser les 3 suivants en quinconce puis les 3 derniers de la même façon. Poser une tige métallique ou un fil électrique et couvrir avec le ruban floral.

ANÉMONES DU JAPON

Matériel
Crépon vert
et vert clair,
- crépon blanc, rose,
- étamines jaunes
ou crépon jaune,
- cheveux d'ange,
- tiges métalliques,
- colle et fil à coudre,
- coton hydrophile,
- ruban floral.

Suggestions de présentation

Cette fleur de la fin de l'été est souvent rose ou blanche.

Présentez-la en bouquet en alternant les couleurs.

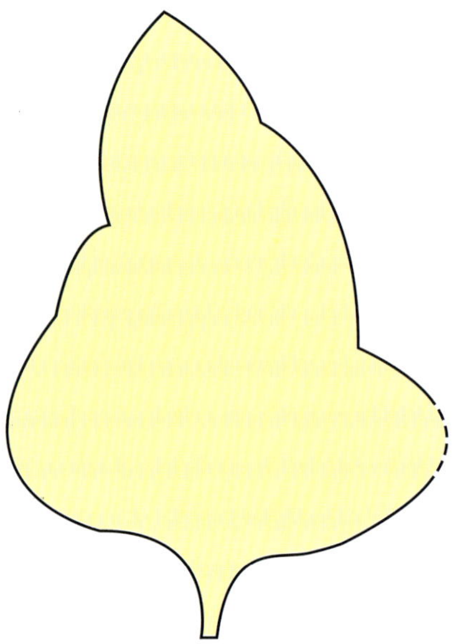

Patron feuille

Patron pétale

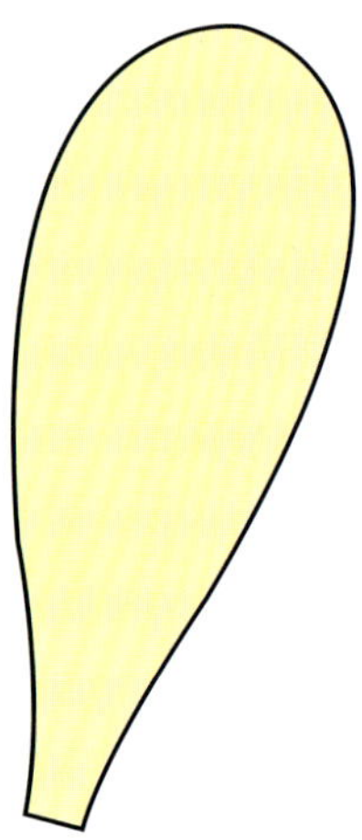

ANÉMONES DU JAPON

Pour présenter les anémones en bouquet, réaliser une vingtaine de fleurs et harmoniser les couleurs.

Cœur

1 Dans le crépon vert clair, découper un carré de 5 cm de côté, y enfermer une boule de coton. Attacher avec un cheveu d'ange.

2 Faire une bande de crépon jaune de 20 x 3 cm (ou utiliser 1/3 de botte d'étamines). La franger finement sur 1 cm. L'enrouler autour du cœur et fixer avec le cheveu d'ange.

Pétales

3 Découper dans le crépon de la couleur choisie 9 pétales selon le patron. Les strier 3 fois sur la hauteur. Les creuser légèrement dans la partie haute. Disposer avec à chaque fois un point de colle et un tour de fil les 3 premiers pétales en triangle autour du cœur, poser les 3 suivants en quinconce, puis les 3 derniers de la même façon.

Montage de la fleur

4 Poser une tige métallique et couvrir à partir de la base de la fleur avec le ruban floral sur toute la hauteur.

Feuilles

5 Découper les feuilles en double. Les fixer sur la tige et finir de couvrir avec le ruban floral.

BOUQUET DE PAVOTS

Matériel
Cheveux d'ange,
- colle et fil à coudre,
- tiges métalliques,
- ruban floral.
Pour les petits pavots :
- crépon vert,
- crépon de différentes couleurs (jaune, orangé, etc.),
- étamines jaunes (ou crépon jaune),
- feutre noir.
Pour les grands pavots :
- crépon vert,
- étamines noires (ou crépon noir),
- crépon de différentes couleurs (jaune, orangé, etc.).

Suggestions de présentation

Le bouquet est la présentation qui convient le mieux pour ces fleurs. Ici, nous avons disposé des feuilles en tissu tout autour des pavots.

Pour un bouquet plus sobre, disposez seulement trois ou quatre pavots dans un vase très fin.

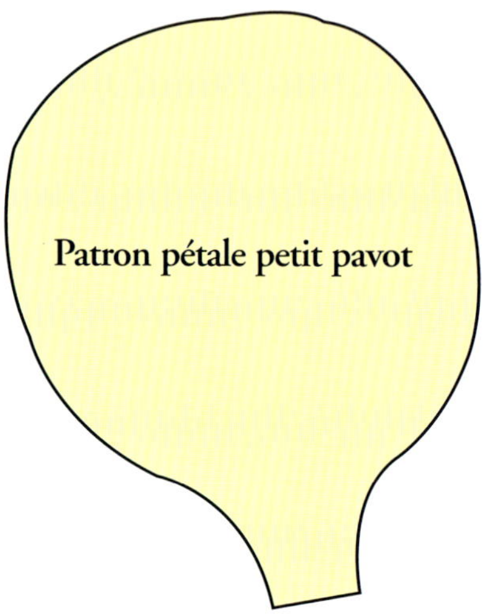

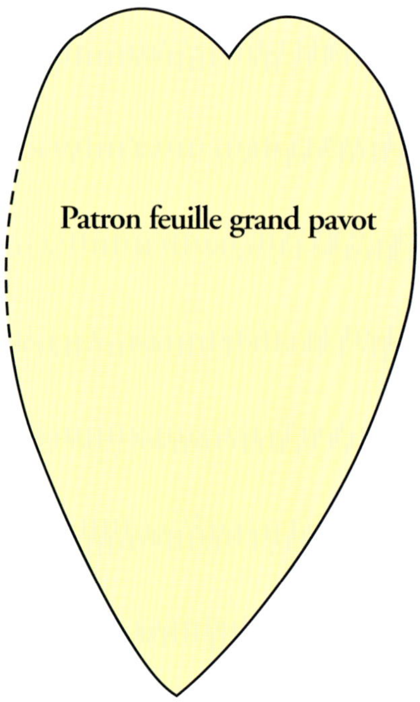

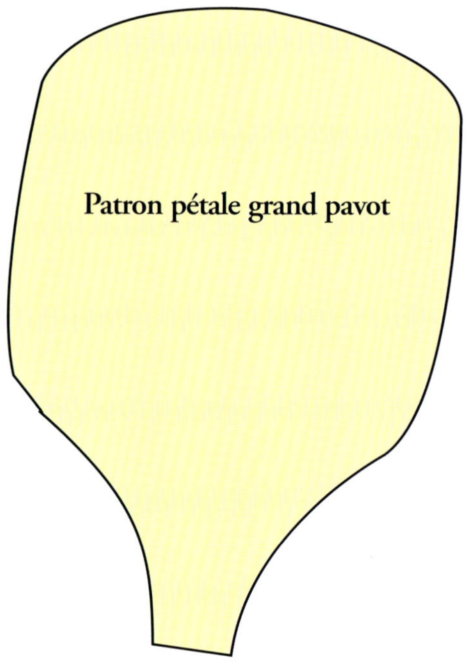

BOUQUET DE PAVOTS

Composé de petits et de grands pavots aux couleurs acidulées et aux cœurs verts et noirs, ce bouquet est réalisé avec 11 petits pavots et 5 grands pavots.

Petits pavots

Cœur

1 Dans le crépon vert, découper un carré de 6 cm de côté, le creuser au centre et y loger une petite boule de coton (de la taille d'un petit pois). Refermer le papier tout autour et attacher avec le cheveu d'ange. Dessiner avec le feutre noir quelques traits fins sur le dessus du cœur.

2 Préparer une bande de crépon jaune (ou 1/3 de botte d'étamines) de 15 x 3 cm. La franger sur la longueur sur 1,5 cm. Poser un point de colle sous le cœur et enrouler cette bande tout autour. Fixer avec le cheveu d'ange du cœur. Placer une tige métallique de la longueur choisie autour du cœur.

Pétales

3 Découper 4 pétales. Les creuser au centre. Faire une ondulation en haut en pinçant le crépon entre les doigts comme pour le déchirer.

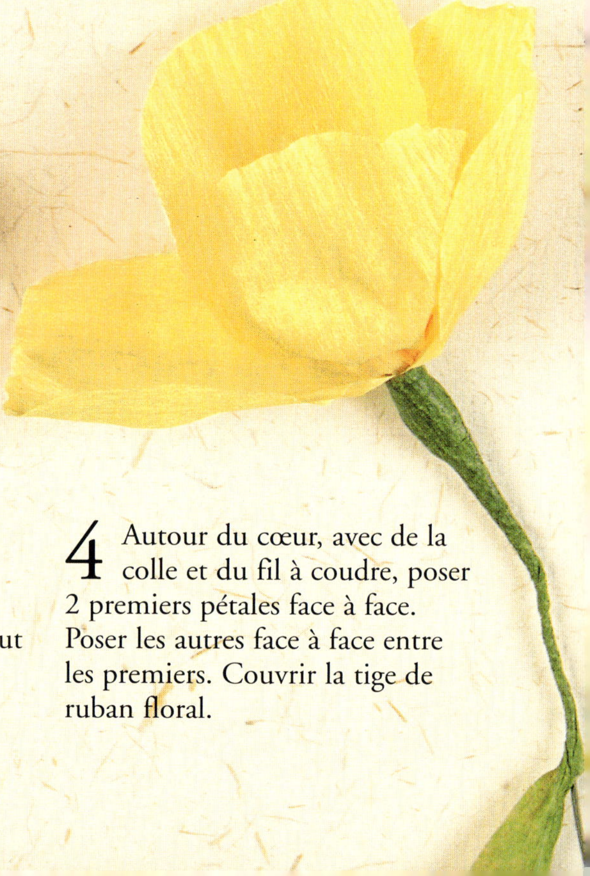

4 Autour du cœur, avec de la colle et du fil à coudre, poser 2 premiers pétales face à face. Poser les autres face à face entre les premiers. Couvrir la tige de ruban floral.

Grands pavots

Cœur

5 Réaliser des cœurs de 6 cm de côté et y loger une boule de coton de la grosseur d'une bille. Prendre 1/2 botte d'étamines noires et les placer autour du cœur avec le cheveu d'ange ou franger une bande de 25 x 4 cm. Poser une tige métallique sous le cœur.

Pétales

6 Dans le crépon, découper 9 pétales suivant le patron. Les modeler comme le petit pavot.
Avec à chaque fois un point de colle et un tour de fil à coudre, poser 3 pétales en triangle autour du cœur. Poser les 3 suivants en quinconce autour des premiers. Poser les 3 derniers en quinconce.

Feuilles

7 Couvrir sous la fleur et sur toute la tige avec le ruban floral. Découper 8 à 10 feuilles en double suivant le patron. Attacher chaque feuille à une tige de fleur avec le ruban floral.

TABLE AUX CAMÉLIAS

Matériel
Crépon blanc, vert,
- pastel rose pâle ou rose soutenu,
- étamines (ou crépon),
- coton hydrophile,
- colle et fil à coudre,
- cheveux d'ange,
- tiges métalliques,
- ruban floral.

Suggestions de présentation

Pour réaliser un chemin de table, plusieurs possibilités s'offrent à vous :

– le réaliser tout en longueur en milieu de table,

– en rectangle faisant le tour intérieur de la table,

– en ondulation au milieu de la table, comme sur la photo.

Le nombre de branches varie suivant qu'on souhaite un décor léger ou très fourni.

Pour parfaire votre table, réalisez une fleur et une feuille et assemblez-les avec le ruban floral. Coupez la tige à 3 ou 4 cm. Préparez autant de fleurs que de convives. Disposez les fleurs au bord de chaque serviette ou enroulez-les sur le pied des verres.

Le choix de la nappe est fonction de l'occasion et de l'effet recherché.

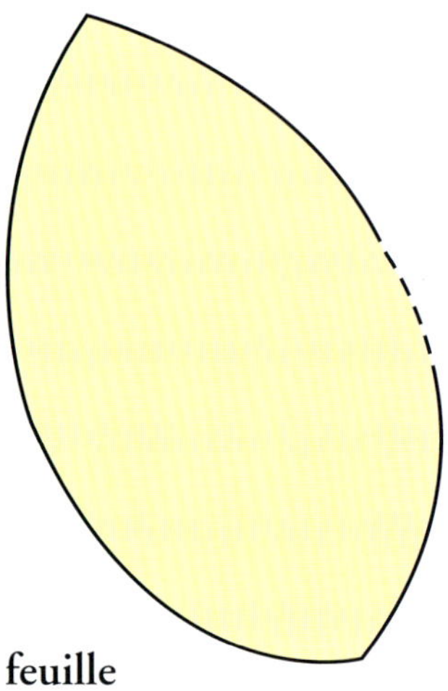

Patron feuille

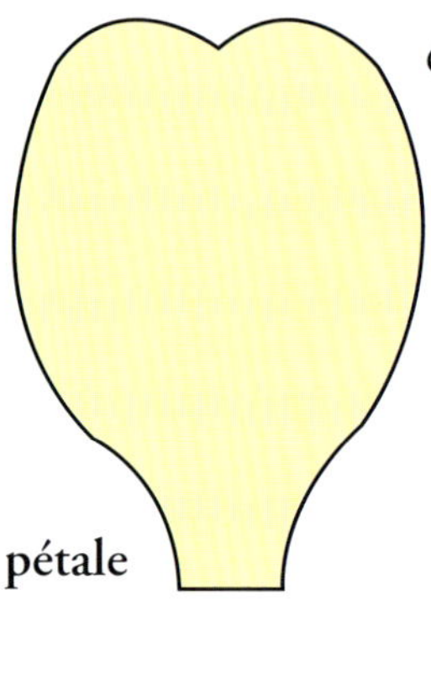

Patron pétale

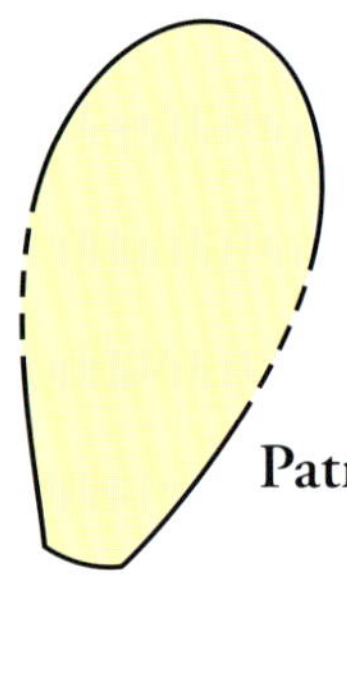

Patron sépale

TABLE AUX CAMÉLIAS

Pour la présentation que nous avons choisie, chaque branche se présente avec 3 feuilles, 2 fleurs et 1 bouton.

Cœur

1 Prendre 1/3 de botte d'étamines (ou une bande jaune frangée). Les plier en deux et fixer avec un cheveu d'ange.

Pétales

2 Dans le crépon blanc, découper suivant le patron 8 pétales. Avec le pastel rose, colorier légèrement à partir de la base du pétale et s'arrêter avant l'extrémité. Creuser chaque pétale au centre.

Montage de la fleur

3 Reprendre le cœur, poser avec un point de colle et un tour de fil à coudre 2 premiers pétales face à face. Poser les 2 suivants face à face entre les deux premiers puis les 4 autres en quinconce par rapport aux 4 premiers avec à chaque fois un point de colle et un tour de fil.

Sépales des fleurs

4 Dans le crépon vert, découper suivant le patron une bande de 4 sépales sans les détacher. Les creuser. Avec un point de colle, les poser à la base de la fleur. Fixer avec le ruban floral sur 4 cm.

Sépales des boutons

6 Dans le crépon vert, découper une bande de 3 sépales en attaché comme pour la fleur, les creuser. Avec un point de colle, les poser autour du bouton, donner un tour de cheveu d'ange et couvrir avec le ruban floral sur 3 cm.

Feuilles

7 Découper 3 feuilles en double ou utiliser des feuilles artificielles. Prendre une tige métallique, la couper à 15 cm. Poser une première feuille avec le ruban floral au bout de la tige, puis le bouton posé sur une partie de la feuille. Alterner feuilles et fleurs et couvrir le reste de la tige avec le ruban floral.

Boutons

5 Dans le crépon blanc, découper un carré de 4 cm de côté, le pastelliser de la même couleur que la fleur en insistant au centre du carré. Avec le coton hydrophile, faire une forme ovale comme une belle olive, replier le crépon tout autour et attacher avec un cheveu d'ange.

COURONNE IMPÉRIALE

Matériel
Crépon de la couleur choisie,
- crépon vert pour les feuilles,
- 3 marteaux jaunes et une épingle par fleur,
- ruban floral,
- cheveux d'ange,
- colle et fil à coudre,
- tige ou branche d'au moins 50 cm de haut.

Suggestions de présentation

Cette fleur étrange appelée également fritillaire a inspiré les compositions de nombreux peintres flamands. Ses fleurs sont généralement jaunes ou orange. Piquée dans un pot de plantes vertes, cette couronne à la tige élancée trouvera sa place dans une salle de bains ou surprendra les visiteurs dans l'entrée de la maison. Présentée en bouquet panaché, cette fleur dominera et donnera fantaisie et originalité à la composition.

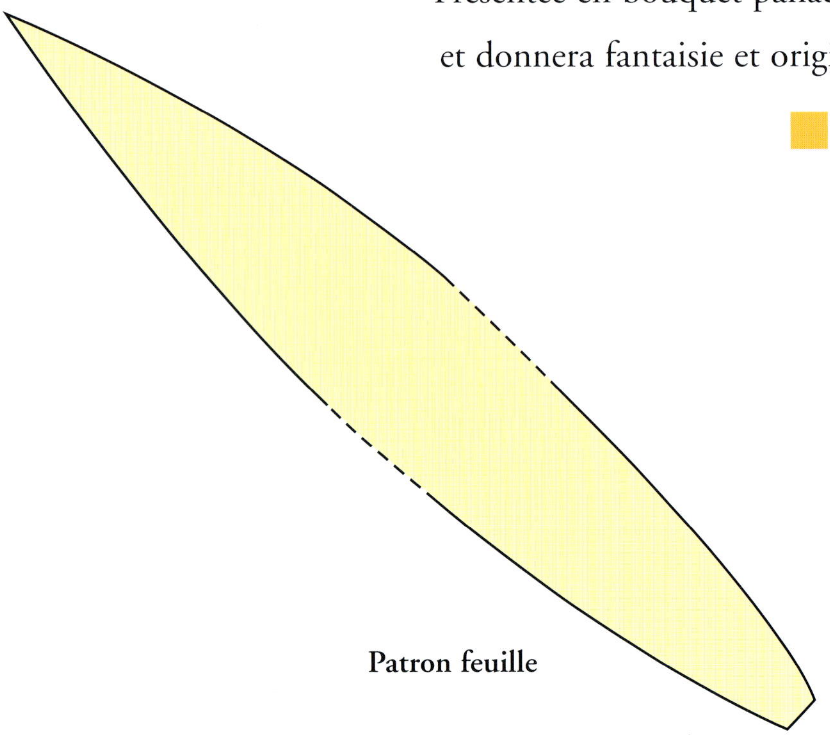

Patron feuille

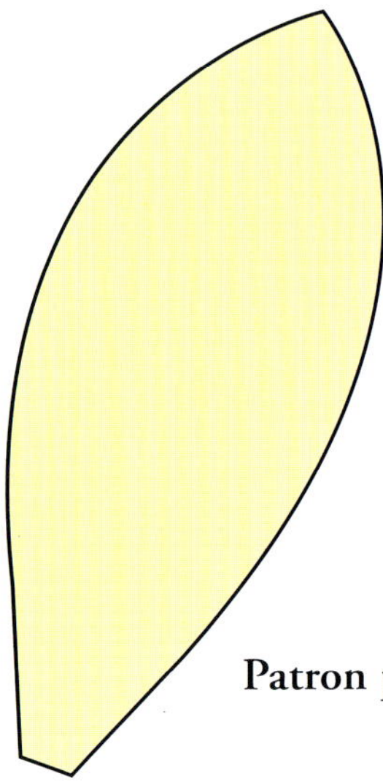

Patron pétale

COURONNE IMPÉRIALE

Cette couronne se compose généralement de 6 à 8 fleurs ornées de feuilles perchées en haut d'une tige ou d'une branche.

Cœur

1 Prendre une épingle jaune et la faire dépasser de 3 marteaux. Attacher avec un cheveu d'ange qui sera la tige de chaque fleur composant la couronne.

Montage de la fleur

2 Découper 6 pétales suivant le patron, les creuser sur toute la hauteur. Reprendre le cœur, poser un point de colle et placer les 3 premiers pétales en triangle en attachant avec le fil à coudre.

3 Poser de la même façon les 3 suivants en quinconce dans les intervalles restés libres. Retourner légèrement le bord des pétales vers l'extérieur. Réaliser ainsi 7 autres fleurs et laisser en attente.

Astuce

Si on ne trouve pas de marteaux, utiliser un cheveu d'ange de 8 cm environ. Le recouvrir de ruban floral. Coller une petite bande de crépon sur 1 cm à son extrémité, la teinter avec un pastel.

Feuilles

4 Découper 15 à 20 feuilles en double suivant le patron. Les assembler en plusieurs fois avec un cheveu d'ange. Couvrir les cheveux d'ange avec le ruban floral et former une touffe.

Montage de la couronne

5 Reprendre chaque fleur et les fixer une à une avec un nouveau cheveu d'ange sous le bouquet de feuilles en tournant pour former une couronne, retourner la tête de chaque fleur vers le bas. Prendre une tige et fixer cette couronne à l'aide d'un cheveu d'ange, puis couvrir avec le ruban floral ou disposer sur une branche d'arbre très fine.

ROSES DE NOËL

Matériel
Crépon blanc et jaune,
- étamines ou crépon,
- cheveux d'ange,
- colle et fil à coudre,
- ruban floral.

Suggestions de présentation

Blanche dans la nature, parfois teintée de rose, la rose de Noël s'appelle également hellébore. Sur la table de Noël, disposez du houx naturel et du houx doré çà et là et un simple bouquet de roses de Noël orné de feuilles.

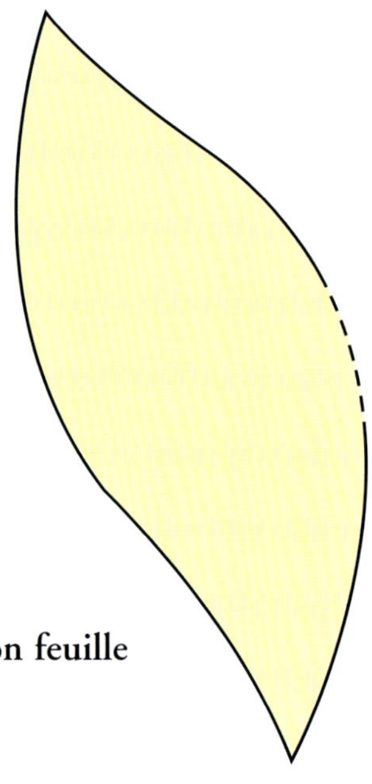

Patron feuille

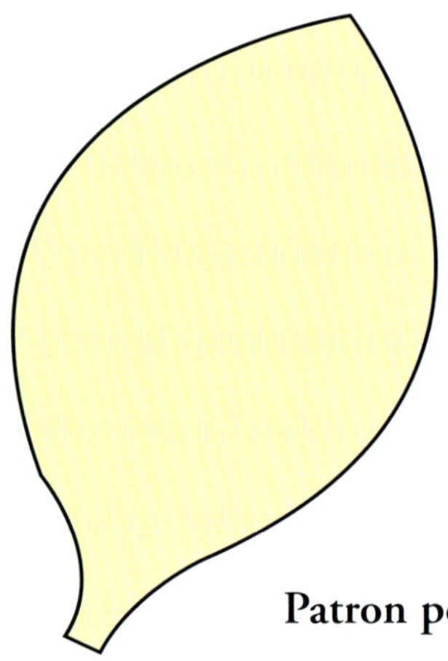

Patron pétale

ROSES DE NOËL

Pour faire le bouquet proposé, réaliser 15 à 20 fleurs et 3 à 4 branches de feuilles, assembler le tout. Placer les feuilles à l'extérieur du bouquet.

Cœur

1 Préparer le cœur avec une bande frangée de 15 x 3 cm (ou des étamines). Fixer avec un cheveu d'ange.

Pétales

2 Dans le crépon blanc, découper 5 pétales selon le patron. Poser avec un point de colle et un tour de fil à coudre chaque pétale de la façon suivante : les 3 premiers en triangle, dont 2 un peu plus rapprochés pour pouvoir poser les 2 suivants dans les 2 intervalles.

3 Couvrir la tige restante avec le ruban floral.

Feuilles

4 Découper 3 feuilles en double, réunir ces 3 feuilles par leur tige (le cheveu d'ange) et les couvrir avec le ruban floral. Former un bouquet.

Cette couronne de l'Avent est très rapide à réaliser. Fabriquer 5 roses de Noël blanches et 4 rouges. Les disperser sur la couronne en les fixant avec leur tige.
Fixer les pièces en chocolat en les piquant au centre avec une épingle dorée. Attacher les boules rouges et le petit sapin. Orner avec le ruban rouge.

PANIER DE JONQUILLES

Matériel
Crépon vert,
- crépon jaune,
- papier de soie beige (ou blanc coloré de pastel ou de crayon beige),
- cheveux d'ange,
- colle et fil à coudre,
- coton hydrophile,
- ruban floral.
Pour la présentation proposée :
- panier,
- mousse naturelle (dans la nature ou chez les fleuristes).

Suggestions de présentation

Fleur de printemps, la jonquille habille les champs de son immense robe jaune. La présentation en panier donne beaucoup de simplicité et de fraîcheur à la composition en rappelant les jonquilles sauvages.

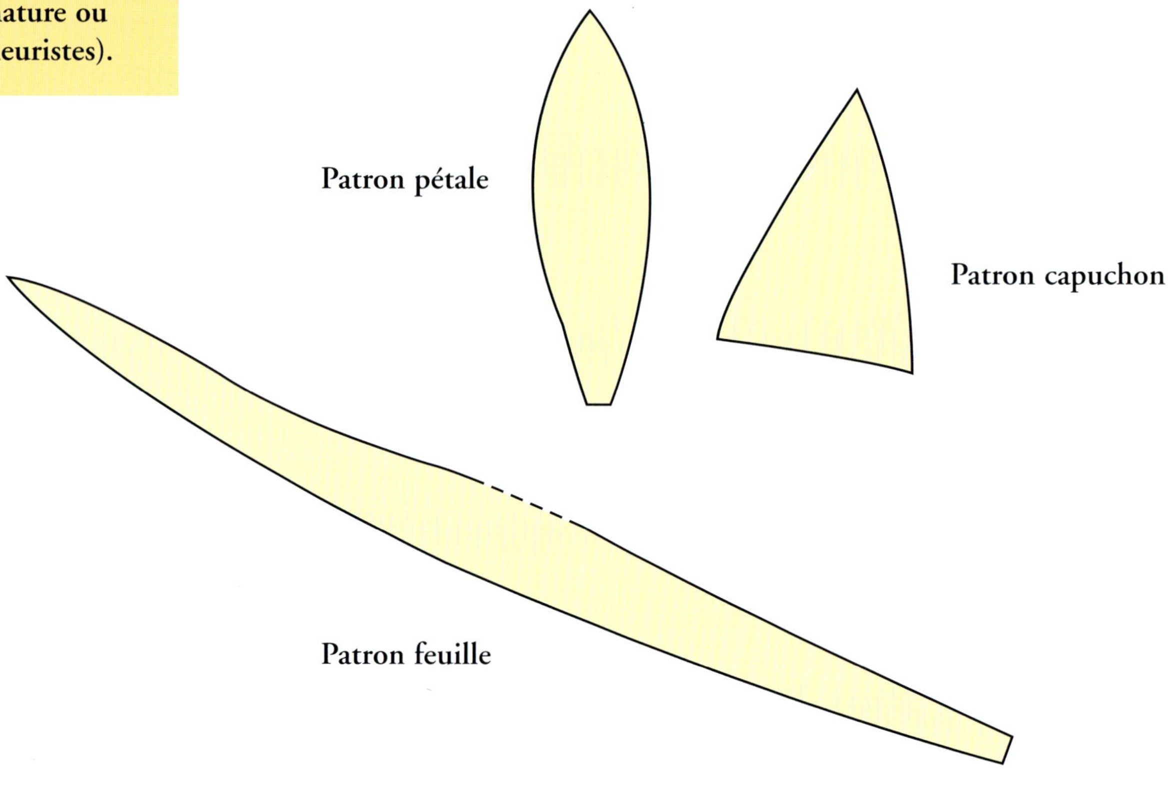

PANIER DE JONQUILLES

Pour la présentation proposée, il faut réaliser environ 25 jonquilles en variant la longueur des tiges. Remplir le panier de mousse bien tassée et piquer les fleurs.

Cœur

1 Dans le crépon jaune, découper une bande de 5 x 4 cm. Travailler le bord extérieur en le roulant légèrement entre les doigts. Coller un bord sur l'autre, on obtient un tube. Pincer et attacher à la base avec un cheveu d'ange.

Pétales

2 Découper suivant le patron 6 pétales et les creuser au centre. Poser avec un point de colle et un tour de fil à coudre 3 pétales en triangle autour de la base du cœur, puis les 3 suivants en quinconce. Les pétales dépassent légèrement la partie supérieure du cœur. Recouvrir le cheveu d'ange avec le ruban floral sur 1 cm. Laisser en attente.

Capuchon

3 Dans le papier de soie, découper d'après le patron un triangle. Le froisser entre les doigts avant de le poser, la pointe touchant la base de la fleur. Fixer avec le ruban floral et terminer de couvrir le cheveu d'ange.

Bouton

4 Dans le crépon jaune découper un carré de 5 x 5 cm. Poser une forme de coton ovale, rabattre le crépon et l'enrouler autour de cette forme. Attacher avec un cheveu d'ange.

5 Préparer un capuchon de papier de soie froissé, mettre un point de colle et l'enrouler autour du bouton sans le recouvrir complètement. Fixer avec le ruban floral et couvrir tout le cheveu d'ange. Le bouton se place sous la fleur.

Feuilles

6 Préparer 2 feuilles en double par fleur avec le patron. Les poser au pied de la tige, de chaque côté, en fixant avec le ruban floral.

TABLE AUX ROSES GÉANTES

Matériel
Crépon de la couleur choisie pour les pétales,
- étamines jaunes pour le cœur ou crépon jaune-orangé,
- crépon vert pour les feuilles,
- colle et fil à coudre,
- cheveux d'ange,
- tiges métalliques,
- ruban floral.

Suggestions de présentation

Pour un mariage, un baptême ou pour un repas de fête, réalisez quelques roses géantes et disposez-les au centre de la table. Jouez l'harmonie en choisissant des serviettes et de la vaisselle assorties aux fleurs.

Pour décorer la maison, adaptez les roses en embrasses de rideaux ou disposez-les le long d'une rampe d'escalier.

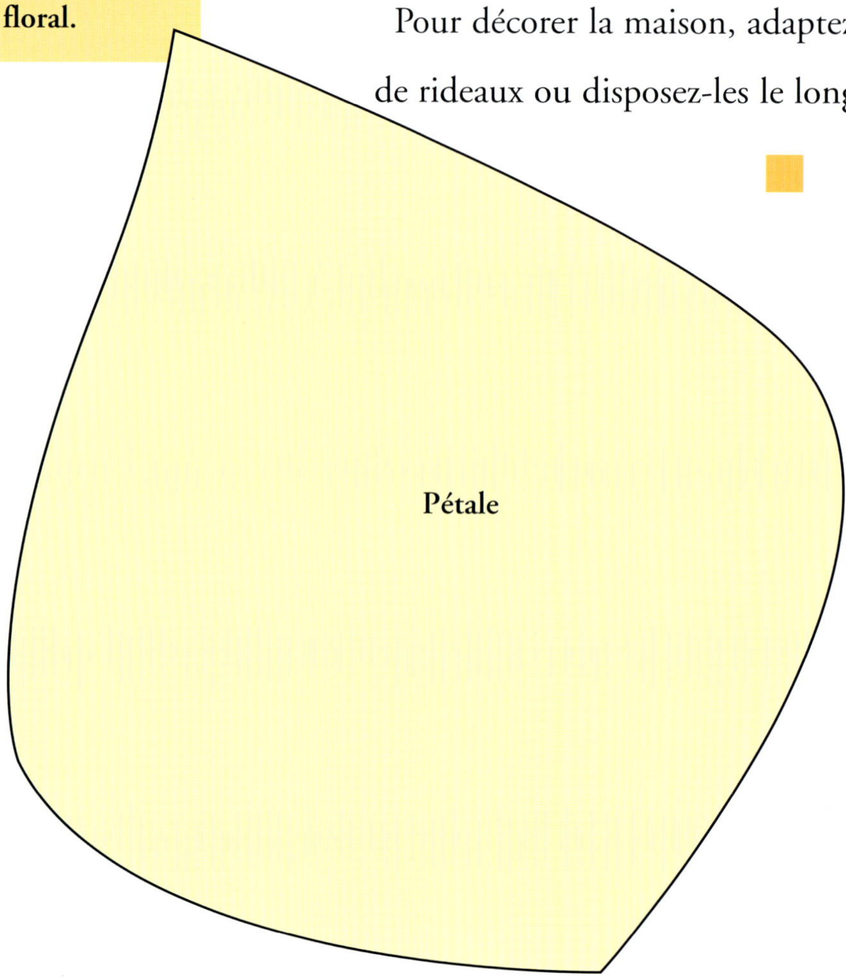

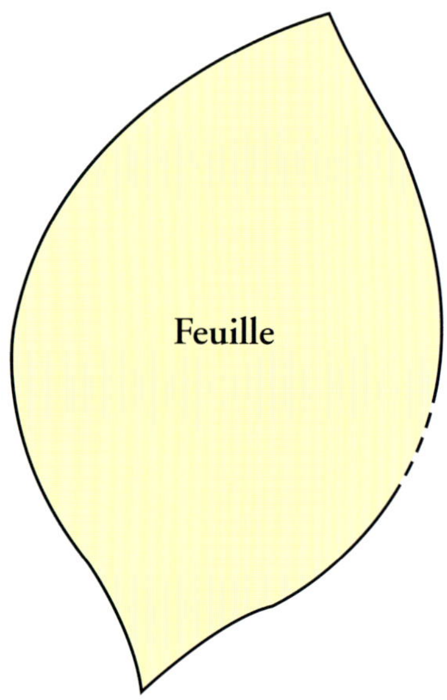

TABLE AUX ROSES GÉANTES

Pour plus de rapidité et de facilité, ces roses sont interprétées et ne présentent pas de sépales.

Cœur

1 Prendre 1/2 botte d'étamines jaunes (ou à défaut une bande de crépon jaune frangée de 30 x 4 cm) et fixer avec un cheveu d'ange.

Pétales

2 Découper selon le patron au moins 15 pétales. Avec les ciseaux, retourner le haut vers l'extérieur, les creuser au centre. Coller chaque pétale autour du cœur avec un tour de fil à coudre. Les poser l'un après l'autre se chevauchant à peine. Couvrir le cheveu d'ange avec le ruban floral.

Feuilles

3 Réaliser des feuilles ou non selon son goût. Découper 3 feuilles en double à réunir sur le même cheveu d'ange. Couvrir la tige avec le ruban floral. Disposer les feuilles sur la table à côté des fleurs.

D'AUTRES IDÉES

Arbres fruitiers

Les arbres fruitiers sont une source d'inspiration inépuisable pour le travail du papier crépon.

Pommier ou cerisier, il faut prévoir une douzaine de fleurs par branche et choisir des tons de roses très doux ou réaliser des fleurs blanches.
Disposez les branches en chemin de table sur une nappe blanche et parsemez quelques fleurs sur chaque assiette.
Pour trouver d'autres idées, observez la nature et réalisez des branches de pêcher, de poirier, ou pourquoi pas d'églantier ou d'aubépine.

Couronne printanière

Cette couronne printanière est réalisée avec des renoncules et des marguerites. Symbole d'accueil, la couronne de bienvenue placée sur votre porte doit être gaie et couverte de fleurs.

Elle trouvera aussi parfaitement sa place au centre d'une table pour un repas de printemps.
Pour réaliser l'armature de la couronne, utilisez environ 80 cm de fil électrique ou de fil de fer épais. Formez le cercle support et recouvrez-le de ruban floral. Décorez avec des fleurs et des feuilles.

Coupe de roses

Cette coupe de roses est assez difficile à réaliser. Il faut en effet, fabriquer des boutons de roses plus ou moins ouverts, des roses moyennes, et de grosses roses.
Les tons choisis ici évoquent les roses anciennes et donnent un petit air suranné à la composition.
Les roses sont présentées dans une coupe en céramique.
Pour les fixer, il suffit de déposer du grillage ou de la mousse dans la coupe et de piquer les fleurs en laissant "s'échapper" une partie de la composition.

Pour plus de stabilité, les tiges de fleurs peuvent aussi être maintenues avec quelques galets ou avec des cailloux.

Narcisse des poètes

La réalisation de cette fleur délicate est très proche de celle de la jonquille présentée pages 70 à 73.
Préparez une dizaine de fleurs et variez la longueur des tiges.
Soulignez le cœur des narcisses avec un feutre rouge fin.
Pour cette composition, privilégiez la simplicité. Présentez les narcisses dans un panier d'osier pour souligner leur délicatesse et leur légèreté.